SUPPLÉMENT AU MÉMOIRE

SUR LES

IRRÉGULARITÉS DE LA PROCÉDURE CRIMINELLE

SUIVIE CONTRE M. LIBRI

ET SUR

L'APPLICATION DE L'ARTICLE 441 DU CODE D'INSTRUCTION CRIMINELLE

POUR LA RÉVISION DE CETTE PROCÉDURE

—————

Le soussigné, avocat à la cour impériale de Paris, a rédigé en 1852, sur la demande de madame Libri, un Mémoire ayant pour objet de rechercher quel était le moyen légal d'obtenir la révision de la procédure criminelle suivie contre M. Libri de 1848 à 1850.

Ce Mémoire, approuvé dans ses conclusions par plusieurs éminents avocats, a été alors remis, avec les adhésions, à madame Libri.

En 1860, madame Libri a adressé au Sénat une pétition qui a pour objet la révision de cette procédure criminelle.

Entre autres pièces, elle a joint à sa pétition le Mémoire de 1852 et elle l'a fait imprimer.

Aujourd'hui, 5 juin 1861, madame Libri communique à l'avocat soussigné le Rapport lu au Sénat dans la séance d'hier, sur sa pétition. Et elle consulte le soussigné sur cette question :

Les documents indiqués dans le Rapport sont-ils tels que les moyens relevés dans le Mémoire soient ou non détruits ?

§

Le présent travail n'a point pour objet la discussion du Rapport soumis au Sénat.

Sans doute, par cela seul que le compte rendu des séances du Sénat est public, il est loisible à tout citoyen d'exprimer, avec le respect qui est dû à l'un des grands corps de l'Etat, son opinion sur les questions mises en délibération, et sur la délibération elle-même. Mais le soussigné veut demeurer ici dans les limites de son rôle d'avocat et continuer son concours à la défense d'un accusé.

Il ne s'agit point de la défense sur le fond même de l'accusation. Il ne s'agit que de la régularité de l'instruction et de l'application de l'art. 441.

I. Défaut de notification du mandat d'amener.

§

Il résulte du Rapport que le mandat délivré contre M. Libri est un mandat *d'amener*, délivré par le juge d'instruction le 31 juillet 1849 ; que l'*original* de la notification est daté du 1ᵉʳ août et visé par le commissaire de police, conformément à l'art. 105, ainsi que le Mémoire (page 7) en rappelait la nécessité ; et qu'une copie aurait été remise au commissaire de police ; ce qui est sans objet et n'est point prescrit par l'art. 105.

Mais le Rapport constate qu'il n'a été *laissé aucune copie* dans la forme exigée par la loi pour qu'elle *puisse parvenir à l'inculpé*.

L'huissier s'est adressé au concierge de la Sorbonne, dernier domicile de M. Libri, et a reçu la déclaration que « M. Libri était depuis longtemps *parti pour l'Angleterre.* »

§

L'affirmation sur laquelle était fondée l'opinion exprimée dans le Mémoire, est donc maintenant vérifiée.

Il n'y a au dossier criminel que *deux* pièces (nᵒˢ 155 et 156) : l'*ordre* du juge et l'*original* de la notification.

Où est la *copie ?* Il est clair qu'il n'en a point été délivré. Sur ce renseignement que M. Libri était en Angleterre, l'huissier n'a pas poussé plus loin sa tentative de notification.

Donc, l'irrégularité signalée par le Mémoire est *prouvée* par le document que cite le Rapport.

L'huissier aurait dû procéder conformément à l'article 69 du Code de procédure. C'est ce qui résulte de la jurisprudence, notamment des arrêts de la Cour de Paris des 5 octobre 1838, 15 avril 1853, 6 mai 1853. On peut ajouter aux autorités citées dans le Mémoire, pour établir que cet art. 69 règle la procédure criminelle, l'opinion formelle du Rapport, qui déclare que « personne ne peut contester cette règle. »

Or, si l'on avait observé cet art. 69, M. Libri aurait *reçu*, par la voie du Ministère des affaires étrangères et de l'Ambassade, *la copie du mandat d'amener*, dans les premiers jours d'août 1849.

§

L'omission de cette formalité essentielle est un vice radical de la procédure criminelle.

La Justice n'a pas *le droit* de dire à M. Libri qu'il refuse de se présenter; car il *n'a pas été appelé* par la *seule* forme que la Justice puisse employer pour faire connaître ses ordres à ceux qu'elle soumet à une inculpation.

L'opinion, exprimée conditionnellement dans le Mémoire, est maintenant fermement appuyée sur la certitude qui résulte de la pièce 156 du dossier criminel.

Il est juridiquement certain que M. Libri n'a pas été *appelé*, assigné conformément à la loi.

S'il avait été, sur des actes de forme semblable, condamné à payer une somme minime à un particulier, cette condamnation civile serait sans valeur.

Et on voudrait donner valeur à une mise en accusation et à une condamnation criminelle, qui ont eu pour origine cette *citation imparfaite* que M. Libri n'a pas connue et n'a pas pu connaître !

§

En vain on repousserait les conséquences inévitables de ce vice originel de la procédure, en disant que M. Libri n'a pas ignoré qu'il fût poursuivi, puisqu'il a publié de nombreux écrits pour démontrer qu'on l'accusait à tort.

La question n'est pas là.

C'est *aujourd'hui, 5 juin 1861,* par la publication dans le *Moniteur* du Rapport de la Commission du Sénat, que M. Libri peut apprendre, *pour la première fois,* que le 31 juillet 1849 un juge d'instruction a décerné un *mandat* contre lui et qu'il existe un *original* de notification daté du 1ᵉʳ août 1849.

§

Aujourd'hui, il est incontestable que si le Ministre de la justice faisait déférer, par le procureur général, à la Cour de cassation, suivant l'art. 441, cet *acte judiciaire contraire à la loi* qui ne veut pas qu'un homme puisse être *accusé* sans avoir été *appelé*, la Cour de cassation ne pourrait faire autrement que d'annuler cet acte.

Il n'y aurait même pas moyen d'essayer ici l'étrange explication citée dans le Rapport à l'occasion du défaut, tout aussi capital, de notification de la dernière citation à la suite de laquelle a été prononcée la contumace :
« *M. Libri n'est pas un Français établi à l'étranger, c'est un inculpé fuyant la justice.* »
Avant le mandat d'amener, il n'y a pas d'inculpé. C'est le mandat d'amener décerné contre un homme *soupçonné*, ou dénoncé, qui fait de cet homme un *inculpé*.

§

Or, M. Libri n'a pas été appelé en justice.
Il ne peut subsister, sans citation régulière, aucune accusation ni aucune condamnation légale.

II. Nomination d'experts choisis parmi les dénonciateurs de l'inculpé.

§

Le sujet du présent travail ne comporte pas la discussion de la doctrine, fort contestable, du Rapport, en matière de dénonciation.

Il est bon de remarquer seulement que le *devoir civique* de donner avis au procureur impérial des délits qui se commettent, n'est imposé, par l'art. 30 du Code pénal, qu'aux *témoins du fait* :
« Toute personne qui aura été témoin d'un attentat
« soit contre la sûreté de l'État, soit contre la vie ou la
« propriété d'un individu, sera tenue d'en donner avis
« au procureur impérial. »

Or personne, pas même un des dénonciateurs, n'*a vu* M. Libri s'emparer d'un livre.

En outre, l'art. 31 règle les conditions de la dénonciation, qui doit être rédigée et signée par le dénonciateur, et remise directement au procureur impérial, lequel doit aussi y apposer sa signature.

Il y a là des garanties d'autant plus sérieuses que la loi punit la dénonciation calomnieuse.

§

Le dénonciateur peut être entendu comme témoin, mais le jury *doit être averti de sa qualité de dénonciateur*. La raison en est que cette qualité peut et doit influer sur l'appréciation des faits par le témoin.

A plus forte raison, dit le Rapport, le dénonciateur peut être chargé de l'expertise, parce que son rapport n'est qu'un renseignement pour la justice.

Cette doctrine, qui n'est autorisée par aucun document judiciaire, ne saurait être admise par le soussigné.

La morale, le bon sens et la loi la repoussent également. Les motifs de l'incompatibilité morale entre la qualité de dénonciateur et la fonction d'expert, sont indiqués aux pages 29 et 30 du Mémoire. Le dénonciateur, surtout quand il n'a été témoin d'aucun fait et que sa délation n'a été que l'expression de son sentiment sur des présomptions de culpabilité, le dénonciateur ne peut plus être impartial, puisque la justification de l'homme sur lequel il a fait naître le soupçon et appelé les réclamations, ou qu'il a, publiquement ou non, désigné aux poursuites de la justice, serait la condamnation du dénonciateur.

Si certains philosophes peuvent considérer comme l'effet d'un « *préjugé vulgaire* » la répulsion instinctive qu'on éprouve à la vue d'un dénonciateur, assurément ils sont d'accord avec le bon sens public pour refuser au délateur officieux comme au dénonciateur légal le droit d'inspirer au juge la confiance que cet homme, intéressé à la condamnation, sera le plus capable d'éclairer la religion de la justice sur l'appréciation délicate de faits nombreux et compliqués. La « sagacité » d'un pareil expert sera une raison de plus pour se défier de son opi-

nion ; car elle fournira à son esprit délié plus de res-
sources pour se tirer des difficultés infinies que lui doit
susciter cette pénible alternative : prouver la culpabilité
du suspect, ou prouver l'erreur désastreuse de la dénonciation.

§

Il est inutile d'insister.

Les esprits calmes, qui sauront se défendre de la pré-
vention que doit exciter la reproduction solennelle des
faits et circonstances articulés par l'accusation, com-
prendront que, si les experts ont réellement été choisis
parmi les dénonciateurs de M. Libri, leur rapport n'est
plus un « document propre à éclairer la religion des
juges. »

§

En résulte-t-il un moyen de *cassation?*

Le signataire du Mémoire n'a pas exprimé cette opinion. Il a dit, et il y persiste, que la nomination d'experts placés dans ces conditions n'a pas été *conforme à
la loi;* qu'elle a été *contraire à la loi;* et que c'est un
cas dans lequel peut être appliqué l'art. 441, écrit dans
le Code précisément pour offrir à la Cour suprême le
moyen d'*annuler* des *actes* ou des jugements contraires
à la loi, et qu'elle ne pourrait pas *casser* d'après les règles habituelles sur les pourvois.

§

Reste à examiner le fait ; à savoir : Les experts avaient-
ils concouru aux dénonciations contre M. Libri?

Les éléments que le Rapport a réunis contribuent à
compléter la preuve catégorique qui a été faite par le
Mémoire (page 16 à 29).

§

Sans manquer au respect dû à la Commission du Sénat, qui a entendu la lecture des articles de la bibliothèque de l'École des chartes sous l'impression qu'elle
avait dû recevoir d'un long exposé de faits accusateurs,
on peut opposer à son opinion sur le caractère de ces

articles, celle de M. le Procureur du roi Boucly dans son rapport administratif du 4 février 1848.

Ce magistrat a rapproché ces articles, publiés en juillet et en septembre 1847 (n^{os} de mai-juin et de juillet-août), d'un article postérieur, et il a exprimé l'opinion que les rédacteurs *cherchaient à faire naître le soupçon* contre M. Libri, et à *appeler les réclamations.*

Il a dû remarquer aussi que cette publication était contemporaine de la *dénonciation anonyme* du 13 juillet 1847.

Cette opinion a d'autant plus de valeur que l'appréciation de la qualité de dénonciateur rentre spécialement dans les devoirs et dans la fonction des magistrats que la loi charge des poursuites criminelles.

§

On a vu d'ailleurs (pages 25 et 26 du Mémoire) que l'*annonce de l'existence* du rapport de M. Boucly a été, avant la publication de ce rapport, *imprimée* par la bibliothèque de l'École des chartes avec dénonciation formelle contre M. Libri; car on ne peut pas qualifier autrement la *désignation* publique de M. Libri comme *coupable de soustractions* (page 26 du Mémoire).

Les rédacteurs même de ce recueil ont écrit alors (avril 1848) :

« Depuis l'apparition du dernier cahier de la *Biblio-*
« *thèque*, les charges que le *bruit public faisait peser* sur
« M. Libri, etc. »

Or ils avaient contribué, par leur journal, à faire ce *bruit public.* Leur journal avait même été l'instrument principal de la *publicité* donnée à ces bruits accusateurs.

Tout cela est établi dans le Mémoire.

§

Le document qu'y a joint le Rapport au Sénat résulte des deux passages suivants :

« Le seul fait ayant quelque valeur est l'insertion au
« *Moniteur* du 19 mars du rapport de M. Boucly; mais
« cette insertion *regrettable*, qui semble avoir été faite,
« *on ne sait d'ailleurs par qui, pour éveiller l'attention*

« des magistrats, témoigne assez que l'on s'abstenait de
« toute intervention directe auprès d'eux. »

« *Jusqu'au* 19 *mars*, les nouveaux membres du par-
« quet *ignorèrent absolument* l'information officieuse et
« le rapport de M. Boucly. Mais le rapport de M. Bou-
« cly *ayant été publié* dans le *Moniteur* du 19 mars, une
« instruction fut requise. »

Ainsi il est bien prouvé, conformément à l'opinion
exprimée dans le Mémoire, que la dénonciation publique
résultant de l'insertion au *Moniteur* a déterminé les
poursuites.

§

Mais le dossier ne fournit pas de renseignement sur
l'*auteur* de cette publication.

On ne sait par qui ! — Il importerait singulièrement
de le savoir.

Les rédacteurs de la Bibliothèque de l'École des chartes le savent bien ; ou du moins ils *savaient*, avant la
publication, dans quelles mains était le Rapport de
M. Boucly (Mémoire, p. 25).

Celui qui a fait cette publication croit-il donc avoir
fait une action honteuse, puisqu'il ne se déclare pas?

Comment l'instruction a-t-elle négligé de s'informer
de ce fait, au moment où la réponse publiée par M. Libri rendait intéressante cette question des origines de la
dénonciation, au point de vue d'une impartiale information ?

Comment se fait-il que la désignation partie du Ministère de l'instruction publique, quand le juge lui a de-
mandé des experts, soit précisément tombée sur cinq
personnes ayant contribué tout récemment à la rédac-
tion et à la publication d'un recueil ouvertement accu-
sateur de M. Libri?

Pour expliquer ces concordances significatives, il n'est
pas nécessaire de porter contre les membres du gouver-
nement de 1848 une imputation d'odieuse persécution
contre un ennemi vaincu, ce à quoi le soussigné ne voudrait s'associer en aucune manière ; mais il est très-évi-
dent qu'il y avait là, autour des ministères, un groupe
d'hommes qui ont concouru à provoquer la poursuite

contre M. Libri; et il ressort évidemment de l'ensemble des faits exposés dans le Mémoire, confirmés par le dossier, et maintenant bien établis, que les experts ou plusieurs d'entre eux appartenaient à ce groupe.

On ne saurait trop le redire, des experts ainsi désignés n'étaient pas dans les conditions d'impartialité que la loi suppose et exprime quand, par l'art. 44, elle oblige les experts à prêter serment de donner leur avis en honneur et conscience.

III. Défaut d'accomplissement des formalités légales lors de la saisie.

§

Sur ce point, les faits exposés dans le Mémoire sont confirmés par le dossier.

Les objets saisis n'*ont été ni comptés, ni marqués* de manière à en constater l'identité.

On n'a posé de scellés que sur les portes de l'appartement.

Il n'y a rien à ajouter à la discussion du Mémoire.

Mais l'instruction se défend par une singulière excuse : « Il eût été trop long et *trop difficile* de compter et de marquer un si grand nombre de pièces, qui ont été saisies dans un grand désordre et dont le classement a duré plusieurs mois. »

Est-ce que la loi n'a voulu prescrire que des mesures *faciles ?*

Le grand nombre et le désordre étaient des motifs de plus pour que le juge d'instruction, ou l'un des officiers auxiliaires qu'il peut déléguer, dût, conformément à l'art. 37, dresser, non pas un catalogue ou un inventaire, mais un *procès-verbal;* et puisque tous étaient, comme dit l'art. 38, *susceptibles de recevoir des caractères d'écriture*, il fallait les coter et les parapher. Il n'est pas nécessaire que la loi se serve des mots *cote* ou *paraphe;* l'obligation de marquer les objets au moyen d'un *caractère d'écriture* est imposée par l'art. 38, et l'usage est que ces caractères d'écriture soient des cotes et des paraphes.

§

Il est désormais incontesté que la loi n'a pas été respectée.

Seulement on invoque la liberté laissée au juge dans le choix des moyens.

Mais il n'est pas libre de n'employer *aucun moyen* pour constater l'identité.

Il faut, sans doute, qu'il s'en rapporte aux experts après leur avoir confié les objets saisis; mais il doit marquer et compter ce qu'il leur donne, et vérifier ce que les experts lui rendent.

Il est certain que cela n'a pas été fait.

Il est certain que cette omission, bien qu'elle puisse ne pas entraîner la nullité par voie de cassation, est *contraire à la loi*, et doit déterminer l'annulation, si la Cour est saisie conformément à l'art. 441.

§

D'après le raisonnement de l'instruction, on devrait être convaincu que tout a été bien fait, parce que les *personnes* offraient toutes les garanties suffisantes.

C'est précisément ce que la loi veut éviter quand elle impose des règles et des formalités qui constituent des garanties matérielles. En effet, l'existence ou la non-existence des garanties matérielles peut être débattue sans inconvénient pour la Justice, parce que la personne des magistrats et de leurs délégués n'est point en discussion.

Quand, au contraire, pour placer l'instruction au-dessus de toute atteinte, on invoque l'honorabilité des magistrats, on les expose aux récriminations passionnées des parties, qui risquent de ne point apporter dans leur défense la réserve, la prudence et la modération.

Cette cause offre un exemple des dangers de ce système, contraire à l'esprit comme à la lettre de la loi. En observant exactement les formalités prescrites, l'instruction aurait été à l'abri de ces vives attaques tant signalées par le Rapport. Alors on pourrait demander compte à l'accusé de sa persistance à refuser un débat juridique où il aurait été régulièrement appelé, dans lequel il aurait rencontré une expertise exempte des chances de partialité, et qui lui offrirait la certitude de l'identité des objets sur lesquels porte l'investigation de la Justice.

IV. Défaut de notification
de l'arrêt de renvoi, de l'acte d'accusation et de l'ordonnance prononçant la contumace.

§

Les faits exposés par le Mémoire sont reconnus exacts suivant les pièces du dossier.

Il est certain que la *notification* prescrite pour que l'accusé absent puisse connaître l'objet précis de l'accusation, et être mis en demeure de se présenter, *n'a pas été faite* suivant les formes instituées par la loi pour garantir *la transmission de la copie à l'accusé.*

La loi applicable est bien reconnue ; « personne, dit le Rapport, ne saurait contester » que l'on doive observer en pareille poursuite les formes prescrites par les articles 68 et 69.

§

Mais pour démontrer que le Parquet a exactement suivi celles de ces formes qui s'appliquaient au cas spécial, on a recours à une argumentation que les jurisconsultes auront peine à comprendre.

M. Libri, dit-on, n'avait plus de domicile à la Sorbonne, parce que ce logement, donné par l'État, ne peut pas constituer un domicile, et parce que d'ailleurs un arrêté ministériel du 28 mars 1848, en autorisant l'emploi de ce local comme dépôt des livres saisis, l'avait ainsi retiré à M. Libri, et l'avait transformé en « succursale du greffe. »

Cet argument est-il bien sérieux ?

On comprend mal que la qualité d'*inculpé* soit exclusive de la qualité de *Français,* et qu'il suffise de ne pas se présenter devant la Justice pour ne pas être *établi* en pays étranger.

Mais il se trouve précisément que M. Libri était dans les deux positions : il était *un Français inculpé* (pas légalement) *établi à Londres et fuyant la justice* (suivant l'expression du Rapport.)

Or, c'est précisément pour cette position que sont écrits l'art. 465 et l'art. 69, n° 9, qui en règle l'exécution.

L'art. 465 exige, en effet, une *notification à l'accuse qui n'a pu être saisi.* De sorte que cette notification est particulièrement destinée à l'*inculpé qui fuit la justice*, et ne peut pas s'appliquer à d'autres.

En fait, l'*omission* des deux notifications exigées par les art. 465 et 466 est prouvée par le dossier.

En droit cette omission vicie la procédure.

§

Mais on ajoute que, de bonne foi, M. Libri ne peut pas dire qu'il ne connût pas la poursuite et l'objet de l'accusation, puisque ses amis et lui ont publié des écrits pour la défense, et que son avocat a même porté au parquet une note de M. Libri à la chambre d'accusation.

Le Mémoire n'a jamais dit que M. Libri eût ignoré le fait de la poursuite. Personne ne l'a jamais dit. Ce que M. Libri a ignoré c'est l'*objet précis* de l'accusation. Quand il a été informé par les renseignements de ses amis ou par des communications imparfaites, que certains livres étaient incriminés, il a fourni des explications comme un homme qui ne fuit pas la Justice, qui vient, au contraire, au devant d'elle pour lui offrir les moyens d'éviter des erreurs si fatales dans leurs conséquences. Mais il *attendait* les notifications prescrites par les art. 465 et 466 pour savoir exactement ce dont on l'accusait; le notaire et l'avocat de madame Libri se disposaient à user du bénéfice de l'art. 468 pour éclairer la Justice.

De sorte que, à la violation du droit, assurément suffisante pour fonder tout refus légitime de subir une procédure illégale, se joint la circonstance de fait que, en bonne foi, l'omission d'une forme a irrévocablement privé M. Libri d'une faculté dont sa femme et ses amis se disposaient à faire usage dans l'intérêt de sa défense.

V. Résumé sur les quatre griefs et application de l'article 441.

§

En résumé, les quatre griefs relevés par le Mémoire sont complétement établis par les éléments du dossier que cite le Rapport au Sénat.

1° Le mandat d'amener, délivré le 31 juillet 1849, au cours de l'instruction commencée le 20 mars 1848, n'a pas été notifié à M. Libri, qui, ainsi, n'a point été légalement appelé en justice.

2° Les experts ont été désignés par le Ministère de l'instruction publique, c'est-à-dire par la partie intéressée, comme chargée de la conservation des bibliothèques ; le choix est tombé sur des personnes qui avaient concouru à provoquer la poursuite contre M. Libri et qui, en cette qualité de dénonciateurs, ne pouvaient pas conserver l'impartialité que la loi exige des experts sous la foi du serment.

3° Les objets saisis n'ont été ni comptés ni marqués, comme le veut la loi, afin que l'expertise puisse rendre exactement ce qu'elle a reçu et que l'instruction puisse représenter à l'accusé exactement ce qui a été saisi, et afin que la justice, l'expertise et l'accusé aient une garantie matérielle et régulière contre toute erreur.

4° Les notifications indispensables pour constituer l'accusé en état de rébellion à la loi et de contumace, n'ont point été faites suivant les règles tracées par la loi pour assurer la transmission de la copie à l'accusé.

§

Ces violations de la loi sont-elles de nature à motiver l'application de l'art. 441 ?

On oppose à ce mode de révision deux sortes de moyens :

L'indignité de l'homme ;

Et la possibilité de considérer la procédure comme régulière.

§

Le Rapport, en effet, quoiqu'il se défende de chercher à prouver que M. Libri « *soit un voleur* » parce qu'il aurait été saisi chez lui des objets volés, a pour but évident et principal de frapper d'indignité la personne de M. Libri, sans même ménager plusieurs de ses amis, dont le Rapport devrait nécessairement faire des complices s'il était transformé en réquisitoire.

Ce premier moyen est d'un puissant effet, parce qu'il saisit les esprits et les cœurs, et qu'il enlève à la réclamation l'appui du sentiment du public, facile à séduire par une habile combinaison de faits dramatiquement exposés.

Mais ce moyen est injuste.

La culpabilité ou l'innocence de M. Libri n'est pas en question, devant le Ministre ou devant le Sénat.

Le Sénat ne peut pas juger la culpabilité. Et si, pour prendre parti sur la question de renvoi au Ministre, il obéissait au sentiment qu'a excité la lecture du Rapport, il serait entraîné à une décision que des réflexions trop tardives lui pourraient faire regretter.

Car cette décision serait considérée comme une condamnation contre M. Libri, au fond. On dirait : « Le Sé-« nat a rejeté la pétition de Mme Libri, parce qu'il a cru « M. Libri coupable; voyez le Rapport qui a précédé le « vote ! »

Le Sénat ne peut pas vouloir émettre un pareil vote, car il n'est point un jury et n'est pas éclairé par la défense de l'accusé.

§

Le second moyen opposé à l'application de l'art. 441 est, — non pas la régularité *en fait* de la procédure criminelle, car les *faits* de la procédure sont bien établis par le Mémoire et par le dossier, — mais les conséquences à tirer *en droit* de ces faits de procédure bien constants.

Ici vraiment, en toute conscience, aucun jurisconsulte ne pourra affirmer résolûment que toutes les opinions du Rapport doivent être admises, et que la procédure, telle qu'elle est bien connue, n'ait commis aucune irrégularité, qu'elle soit entièrement et de tous points *conforme à la loi,* qu'il n'y ait dans les actes et dans les arrêts qui les ont validés *rien de contraire à la loi.*

La divergence d'opinions entre le Rapport et le Mémoire fortifié par les adhésions, crée, pour les hommes réfléchis, tout au moins un doute sérieux.

Ce n'est point légèrement et dans un calcul de prescription imputé par le Rapport aux conseils de M. Libri, qu'ont été rédigés les consultations et avis remis à Mme Libri en 1852, et publiés par elle pour faire valoir sa pétition devant le Sénat.

Les avocats dignes de leur mission sont tout aussi préoccupés de l'intérêt de la Justice et du respect dû à la Magistrature que de l'intérêt de leurs clients.

L'intérêt de la Justice et la dignité de la Magistrature ne sont point engagés dans le débat du fond. La gloire de la Magistrature française tient à son respect religieux pour la loi et pour les formes qui en assurent l'exécution.

Quand la forme d'un acte ou d'un arrêt est critiquée pour violation de la loi, la Magistrature n'est pas atteinte, et la cassation d'un de ses arrêts ne la déconsidère pas. Cette cassation est la preuve du contrôle suprême qui garantit la persévérance de la Magistrature dans la rigoureuse observation des lois.

Mais ce qui nuirait à la Justice et à la Magistrature, c'est qu'une plainte fût repoussée sans être écoutée et vérifiée. En voulant trop défendre un acte de procédure ou un arrêt, en refusant l'examen, on laisse subsister la plainte, comme une voix qui retentit dans l'avenir.

§

Or, cet examen, qui peut le faire?

Ce n'est pas le Sénat. Le Sénat ne peut pas plus vider le débat de procédure criminelle porté devant lui par son rapporteur, qu'il ne peut déclarer la culpabilité de M. Libri en votant les conclusions du rapport.

La Cour de cassation seule peut se livrer à cet examen sur la demande du procureur-général, ordonnée par le ministre.

Et le Sénat, en décidant qu'il y a lieu d'examiner, ne donnera raison à aucune attaque contre la Justice, à aucune critique contre la procédure; il posera une question et ne la résoudra pas.

Tandis qu'en rejetant la pétition par un vote d'ordre du jour, il résoudrait implicitement des questions qui ne sont pas posées par la pétition.

§

Que demande en effet la pétition?

Ne nous arrêtons pas à la formule de la demande; peu importent les expressions; au fond elle demande la révision de la procédure dans une forme légale.

Et la seule forme légale est l'article 441.

Quand la Cour de cassation aura décidé si la procédure est ou non régulière, si les garanties réglées par la loi ont été ou non assurées à l'accusé, alors la plainte sera légalement éteinte.

Jusque-là on est mal venu à reprocher à M. Libri de ne pas prendre la voie de la comparution devant le jury pour purger sa contumace.

Les hommes qui ont l'énergie de défendre dans leur personne le droit de tous et de chacun, au risque de tant de luttes et d'amertumes pour eux et pour leur famille, ceux-là sont assez rares pour qu'on ne les décourage pas par ce sarcasme : « Si vous ne venez pas devant le jury, c'est que vous avez peur, parce que vous vous sentez coupable. »

Pourquoi veut-on que M. Libri prenne l'attitude d'un coupable, d'un accusé, d'un rebelle à la loi?

Il se sent innocent, et repousse l'idée et la possibilité d'un crime. Ses nombreux amis, des hommes distingués par leur science et par leur position sociale, eux qui le connaissent, le proclament innocent.

Il ne veut pas ratifier par sa présence une instruction viciée.

Que chacun de ceux qui lui disent : « Venez, si non « vous serez suspect, » fasse retour sur soi-même et se demande comment il ferait s'il était injustement accusé et si on avait violé à son égard les lois protectrices de l'innocence et du droit!

Il n'y a qu'une règle de justice au monde : Ne faites pas à autrui ce que vous ne voudriez pas qu'on vous fît à vous-même!

Délibéré à Paris, le 5 avril 1861.

HENRY CELLIEZ.
Avocat à la Cour impériale.

J'adhère complétement à l'excellent Mémoire de mon confrère.

ÉDOUARD LABOULAYE.
Avocat à la Cour impériale, Membre de l'Institut.

Imprimerie de Ad. R. Lainé et J. Havard, rue Jacob, 56.